Johannes
BRAHMS

NEUE LIEBESLIEDER
Op. 65

Edited by
Richard W. Sargeant, Jr.

Vocal Score
Klavierauszug

SERENISSIMA MUSIC, INC.

CONTENTS

ORCHESTRA

2 Flutes (2nd also Piccolo), 2 Oboes,
2 Clarinets, 2 Bassoons, 2 Horns, Strings

Of the 15 waltzes in Op.65, Brahms orchestated the accompaniment to
No. 9 (along with 8 numbers from Op.52)
for a performance given at the Berlin Hochschule on March 4, 1870
with 4 vocal solists and small orchestra condcuted by Ernst Rudorff.

Duration: ca.20 minutes

Premiere: May 8, 1875
Karlsruhe, Museumssaal (Sinfoniekonzert)
Johanna Schwartz, Luise Walter, Benedikt Kürner and Josef Hause
Johannes Brahms and Otto Dessoff, piano duet

ISBN: 978-1-60874-196-0
This score is a newly-engraved edition published for the first time.

Printed in the USA
First Printing: September, 2016.

Neue Liebeslieder
Op. 65

1.

Johannes Brahms
Edited by Richard W. Sargeant, Jr.

Lebhaft, doch nich snell

Ver - zicht, o Herz, auf

Ret - tung, dich wa - gend in der Lie - be Meer!

41960

4

2.

Soprano
Alto
Tenor
Bass
p
Fin - ste-re Schat-ten der Nacht, Wo - gen- und Wir-bel-ge-fahr!
Piano 1
p
Piano 2
p
7
S.
p
Fin - ste-re Schat-ten der Nacht, Wo - gen- und Wir-bel-ge-fahr!
A.
p
Fin - ste-re Schat-ten der Nacht, Wo - gen- und Wir-bel-ge-fahr!
T.
p
Fin - ste-re Schat-ten der Nacht, Wo-gen- und Wir - bel-ge-fahr!
B.
Fin - ste-re Schat-ten der Nacht, Wo - gen- und Wir - bel-ge - fahr!
7
Pno. 1
Pno. 2

Sind wohl, die da ge-lind ra-sten auf si-che-rem Lan-de, euch

Sind wohl, die da ge-lind ra-sten auf si-che-rem Lan-de,

Sind wohl, die da ge-lind ra-sten auf si-che-rem Lan-de,

Sind wohl, die da ge-lind ra-sten auf si-che-rem Lan-de,

zu be-grei-fen im Stan-de?

euch zu be-grei-fen im Stan-de?

euch zu be-grei-fen im Stan-de? Das ist der nur al-lein,

euch zu be-grei-fen im Stan-de? Das ist der nur al-lein,

Das ist der nur al - lein, wel - cher auf wil - der See

stür - mi-scher Ö - de treibt, Mei - len ent - fernt vom Stran -

de, ent - fernt vom Stran - - - - de.

de, ent - fernt vom Stran - - - - de.

len ent - fernt vom Stran - - - - de.

len ent - fernt vom Stran - - - - de.

3a.

Lyrics below vocal line:

An je - der Hand die Fin - - ger

hatt ich be - deckt mit Rin - - gen, die mir ge - schenkt mein

Bru - - der in sei - nem Lie - bes - sinn._____

espress.
S.
Und ei - nen nach dem an - dern gab - ich dem schö - nen,
Pno. 1
espress.
Pno. 2
espress.
S.
a - ber un - wür - di - gen Jüng - ling hin, dem schö - nen,
Pno. 1
p
sf
p
Pno. 2
p
sf
p
dolce
S.
dem schö - nen, a - ber un - wür - di - gen Jüng - ling hin.
Pno. 1
sf
p
dolce
Pno. 2
sf
p
dolce

3b.

Soprano: An je - der Hand die Fin - ger hatt ich be-

deckt mit Rin - gen, die mir ge - schenkt mein

Bru - der in sei - nem Lie - bes - sinn.

espress. 17
S.
Und ei - nen nach dem an - dern gab - ich dem schö - nen,
Pno. 1
espress.
Pno. 2
espress.
22
S.
a - ber un - wür - di - gen Jüng - ling hin, dem schö - nen,
p
sf
p
27
dolce
S.
dem schö - nen, a - ber un - wür - di - gen Jüng - ling hin.
sf
p
dolce

4.

Ihr schwar-zen Au - gen, ihr dürft nur win - ken Pa-lä - ste fal-len und Städ - te sin-ken.

Wie soll-te stehn in sol - chem Strauß mein Herz, von Kar - ten das schwa-che Haus?

Wie soll-te stehn in sol - chem Strauß mein Herz, von Kar - ten das schwa-che Haus?

5.

1. Wah - re, wah - re dei - nen Sohn, Nach - ba -
2. Weil ich ihn mit schwar - zem Aug zu be -

rin, vor We - - he, O wie
zau - bern ge - - he.

brenn das Au - ge mir, das zu zün - den, das zu

41960

A.
Pno. 1
Pno. 2
cresc.
zün - den fo - dert! Flam - met ihm die See - le
nicht, die See - le nicht, dei - ne
Hüt - te, dei - ne Hüt - te lo - dert. lo - dert.
f
s.v.
1.
2.

6.

p dolce
Soprano
Ro - sen steckt mir an die Mut - ter, weil ich gar so
Piano 1
p dolce
Piano 2
p dolce
7
S.
1.
2.
espress.
trü - be bin. bin. Sie hat Recht, die Ro - se
Pno. 1
espress.
Pno. 2
espress.
13
S.
sin - ket, so wie ich, ent - blät - tert hin. hin.
Pno. 1
p
Pno. 2
p

7.

Lebhaft

Soprano: *f* — Vom Ge - bir - ge Well auf Well kom - men Re - gen - güs - se,

Alto: *f* — Vom Ge - bir - ge Well auf Well kom - men Re - gen - güs - se,

Tenor: *f* — Vom Ge - bir - ge Well auf Well kom - men Re - gen - güs - se,

Bass: *f* — Vom Ge - bir - ge Well auf Well kom - men Re - gen - güs - se,

Lebhaft

Piano 1: *f marcato*

Piano 2: *f marcato*

S. (9): vom Ge - bir - ge Well auf Well kom - men Re - gen - güs - se,

A.: vom Ge - bir - ge Well auf Well kom - men Re - gen - güs - se,

T.: vom Ge - bir - ge Well auf Well kom - men Re - gen - güs - se,

B.: vom Ge - bir - ge Well auf Well kom - men Re - gen - güs - se,

Pno. 1 (9)

Pno. 2

und ich gä - be dir so gern hun - dert-, hun - dert
und ich gä - be dir so gern hun - dert-, hun - dert
und ich gä - be dir so gern hun - dert-tau -
hun - dert-

tau - send Küs - se. Vom_____ Ge - bir - ge
tau - send Küs - se. Vom_____ Ge - bir - ge
- - send Küs - se. Vom_____ Ge - bir - ge
tau - send Küs - se. Vom_____ Ge - bir - ge

Well auf Well kom - men Re - gen - güs - se, und ich gä - be

dir so gern hun - dert - tau - send Küs - se.

8.

Soprano: Wei - che Grä - ser im Re - vier,

Alto: Wei - che Grä - ser im Re - vier,

Tenor: Wei - che Grä - ser im Re - vier,

Bass: Wei - che Grä - ser im Re - vier,

S.: schö - ne, stil - le Plätz - chen,

A.: schö - ne, stil - le Plätz - chen,

T.: schö - ne, stil - le Plätz - chen,

B.: schö - ne, stil - le Plätz - chen,

18
S.
wei - - che Grä - - ser im Re - vier,
A.
wei - che Grä - ser im Re - vier,
T.
wei - che Grä - ser im Re - vier,
B.
wei - che Grä - ser im Re - vier,
18
p dolce
Pno. 1
p dolce
Pno. 2
26
S.
schö - ne, stil - le Plätz - - - chen!
A.
schö - ne, stil - le Plätz - - - chen!
T.
schö - - ne, stil - - le Plätz - - - chen!
B.
schö - ne, stil - le Plätz - - - chen!
26
Pno. 1
Pno. 2

34
espress.
S.
O wie lin - - - de ruht es
A.
O wie lin - de, o wie lin - de ruht es hier
T.
O wie lin - de, o wie lin - de ruht es hier
B.
O wie lin - - de ruht es
Pno. 1
Pno. 2
40
p dolce
heir sich mit ei - nem Schätz - chen!
sich mit ei - nem Schätz - - - - chen!
heir sich mit ei - nem Schätz - chen!
1.
2.

9a.

Na - gen am Her - zen fühl ich ein Gift mir, mir,

kann sich ein Mäd - chen, oh - ne zu fröh - nen zärt - li - chem Hang, fas - sen ein

gan - zes, ein gan - zes, gan - zes won - ne - be - raub - tes Le - ben ent - lang?

9b.

Piano reduction by
Richard W. Sargeant, Jr.

Soprano

p espress.

Na - gen am Her - zen

Piano 1

p

p espress.

Piano 2

p

7

S.

fühl ich ein Gift mir, Na - gen am Her -

Pno. 1

Pno. 2

14

S.

zen fühl ich ein Gift mir. Kann sich ein Mäd - chen,

Pno. 1

Pno. 2

21
S.
oh - ne zu fröh - nen zärt - li - chem Hang, fas - sen ein
Pno. 1
poco cresc.
p
Pno. 2
poco cresc.
p
28
cresc.
poco f
gan - zes, ein gan - zes won - ne - be - raub -
poco cresc.
poco f
poco cresc.
poco f
34
dim.
1.
2.
tes Le - ben ent - lang?
p
p

10.

Tenor
espress.
Ich ko - se süß mit der und der und wer - de still und kran - ke,
Piano 1
sf
p dolce
sf
p
Piano 2
sf
p dolce
sf
p
9
T.
cresc.
f
dim.
denn e - wig, e - wig kehrt zu dir, o Non - na,
Pno. 1
sf
sf
cresc.
f
Pno. 2
sf
sf
cresc.
f
p
17
T.
1.
2.
o Non - na, mein Ge - dan - ke! ke!
Pno. 1
p
dolce
p
Pno. 2
dolce
p

11.

Lebhaft

Soprano

Al-les, al-les in den Wind sagst du mir, du Schmeich-ler! Al-le-samt ver-lo-ren sind

Lebhaft

Piano 1

Piano 2

deine Mühn, du Heuch-ler! Ei-nem an-dern Fang zu lieb stel-le dei-

ne Fal-le! denn du bist ein lo-ser Dieb, denn du buhlst um Al-le!

12.

Lebhaft

Soprano: Schwar - zer Wald, dein Schat - ten ist so dü - ster!

Alto: Schwar - zer Wald, dein Schat - ten ist so dü - ster!

Tenor: Schwar - zer Wald, dein Schat - ten ist so dü - ster!

Bass: Schwar - zer Wald, dein Schat - ten ist so dü - ster!

S.: Ar - mes Herz, dein Lei - den ist so drü - ckend,

A.: Ar - mes Herz, dein Lei - den ist so drü - ckend,

T.: Ar - mes Herz, dein Lei - den ist so drü - ckend,

B.: Ar - mes Herz, dein Lei - den ist so drü - ckend,

16
S.
A.
T.
B.
cresc.
1.
ar - mes Herz, dein Lei - den ist so drü - ckend, ist so drü - ckend!
ar - mes Herz, dein Lei - den ist so drü - ckend, ist so drü - ckend!
ar - mes Herz, dein Lei - den ist so drü - ckend, ist so drü - ckend!
ar - mes Herz, dein Lei - den ist so drü - ckend, ist so drü- ckend!
Pno. 1
Pno. 2
24
f
2.
p espress.
Schwar - zer drü - ckend! Was dir ein - zig wert, es
Schwar - zer drü - ckend! Was dir ein - zig wert, es
Schwar - zer drü - ckend! Was dir ein - zig wert, es
Schwar - zer Wald, schwar - zer drü - ckend! Was dir ein - zig wert, es
8va
p

32
S.
A.
T.
B.
steht vor Au - gen, e - wig un - ter - sagt
f
p
Pno. 1
Pno. 2
dim.
40
ist Huld - ver - ei - nung! nung!
1.
2.

13.

Lebhaft

S. Nein, Ge- lieb - ter, se- tze dich mir so
Star - re nicht so brün- stig- lich mir ins

A. Nein, Ge- lieb - ter, se- tze dich mir so
Star - re nicht so brün- stig- lich mir ins

m. v. ma ben marcato

S. na - he nicht! Wie es auch im Bu - sen brennt, im
An - ge - sicht.

A. na - he nicht! Wie es auch im Bu - sen brennt, im
An - ge - sicht.

41960

Bu - sen brennt, däm - pfe, däm - pfe dei - nen Trieb, daß es

Bu - sen brennt, däm - pfe, däm - pfe dei - nen Trieb, daß es

nicht die Welt er - kennt, wie wir uns so lieb, so lieb. lieb.

nicht die Welt er - kennt, wie wir uns so lieb, so lieb. lieb.

2da volta poco rit.

2da volta poco rit.

14.

Lebhaft
Soprano
Alto
Tenor
Bass
f
Flam - men - au - ge, dunk - les Haar, Kna - be won - nig und ver -
Flam - men - au - ge, dunk - les Haar, Kna - be won - nig und ver -
Lebhaft
Piano 1
Piano 2
f
8
S.
A.
T.
B.
p
wo - gen, Kum - mer ist durch dich hin - ein, in mein ar -
wo - gen, Kum - mer ist durch dich hin - ein,
Pno. 1
Pno. 2

15
cresc.
f
S.
mes Herz ge - zo - gen, in mein ar - mes Herz ge - zo - gen! Flam - men-au
cresc.
f
A.
in mein ar - mes Herz ge - zo - gen, ge - zo - gen! Flam - men-au
T.
B.
15
cresc.
f
Pno. 1
cresc.
f
Pno. 2
23
S.
- ge, dunk - les Haar, Kna - be won - nig und ver - wo - gen,
A.
- ge, dunk - les Haar, Kna - be won - nig und ver - wo - gen,
T.
B.
23
Pno. 1
Pno. 2

30
S.
Kum - mer ist durch dich hin - ein in mein ar - mes Herz ge -
A.
Kum - mer ist durch dich hin - ein in mein ar - mes Herz ge -
T.
B.
Pno. 1
Pno. 2
38
S.
zo - gen, in mein ar - mes Herz ge - zo - gen.
A.
zo - gen, in mein ar - mes Herz ge - zo - gen.
T.
B.
Pno. 1
Pno. 2

Kann in Eis der Son - ne Brand, sich in Nacht der

Kann in Eis der Son - ne Brand, sich in Nacht der

Kann in Eis der Son - ne Brand, sich in Nacht der

Kann in Eis der Son - ne Brand, sich in Nacht der

Tag ver - keh - ren? Kann die hei - ße Men - schen - brust at - men

Tag ver - keh - ren? Kann die hei - ße Men - schen - brust at - men

Tag ver - keh - ren? Kann die hei - ße Men - schen - brust at - men

Tag ver - keh - ren? Kann die hei - ße Men - schen - brust at - men

60
S.
oh - ne Glut be - geh - - - ren?
A.
oh - ne Glut be - geh - - - ren?
T.
p espress.
oh - ne Glut be - geh - - - ren? Ist die Flur so
B.
oh - ne Glut be - geh - - - ren? Ist die
Pno. 1
Pno. 2
67
S.
daß die Blum im Dun - kel ste - he? Ist die
A.
Ist die Flur so vol - ler Licht, ist die Welt so vol - ler
T.
vol - ler Licht, ist die Welt so vol - ler Lust, die
B.
Flur so vol - ler Licht, so vol - ler Licht, ist die Welt so
cresc.
Pno. 1
Pno. 2

74
S.
A.
T.
B.
Welt so vol - ler Lust, daß das Herz in Qual ver - ge -
Lust, so vol - ler Lust, daß das Herz in Qual ver - ge -
Welt so vol - ler Lust, daß das Herz in Qual ver - ge -
vol - ler Lust, daß das Herz in Qual ver - ge -
Pno. 1
Pno. 2
cresc.
81
rit.
- - he, ver - ge - - - - he?

15. Zum Schluß

Ruhig

Soprano: Nun, ihr Mu-sen, ge-

Alto: Nun, ihr Mu-sen, ge-

Tenor: Nun, ihr Mu-sen, ge-

Bass: Nun, ihr Mu-sen, ge-

S.: nug! Ver-ge-bens strebt ihr zu schil-dern, zu schil-dern,

A.: nug! Ver-ge-bens strebt ihr zu schil-dern,

T.: nug! Ver-ge-bens strebt ihr zu schil-dern,

B.: nug! Ver-ge-bens strebt ihr zu schil-dern,

wie sich Jam - - mer und Glück wech - seln in lie - ben - der

wie sich Jam - mer und Glück wech - seln in lie - ben - der

Brust, wie sich Jam - mer und Glück wech - seln in lie - ben - der

Brust, Jam - mer und Glück wech - seln in lie - ben - der

wie sich Jam - - mer und Glück wech - seln in lie - ben - der

Jam - - mer und Glück wech - seln in lie - ben - der

9
S.
Brust.
Hei - len kön - net die Wun - den ihr
A.
Brust.
T.
Brust.
Hei - len kön - net die
B.
Brust.
die
Pno. 1
Pno. 2
11
S.
nicht, die A - mor ge - schla - gen;
hei - len kön - net die
A.
die A - mor ge - schla - gen;
T.
Wun - den ihr nicht,
hei - len kön - net die Wun - den ihr
B.
A - mor ge - schla - gen!
Pno. 1
Pno. 2

13
S.
A.
T.
B.
Pno. 1
Pno. 2
Wun - den ihr nicht, die A - mor ge -
hei - len kön - net die Wun - den ihr nicht, die A - mor ge - schla - gen, die
nicht, hei - len kön - net die Wun - den ihr nicht, die
hei - len kön - net die Wun - den ihr
cresc.
f
15
schla - gen, die A - mor, die A - mor ge - schla - - -
A - mor, die A - - - - mor, die A - mor ge - schla - - -
A - - mor ge - schla - gen, die A - mor ge - schla - - -
nicht, die A - mor ge - schla - gen, die A - mor ge -schla - - -
dim.
p
sf

18
S.
gen, a - ber Lin - - de - rung kommt ein - zig, ihr Gu - ten, von
A.
gen, Lin - - de - rung kommt ein - zig, ihr Gu - ten, von
T.
gen, Lin - de - rung kommt ein - zig, ihr Gu - ten, von
B.
gen, a - - ber Lin - - - de - rung
18
Pno. 1
p
Pno. 2
20
S.
f
euch, a - ber Lin - de - rung kommt ein - zig, ein - zig, ihr Gu - ten, von
A.
f
euch, Lin - de - rung kommt ein - zig, ihr Gu - ten, von
T.
f
euch, a - ber Lin - de - rung kommt ein - - zig, ihr Gu - ten, von
B.
f
kommt, a - ber Lin - de - rung kommt ein - - zig,
20
Pno. 1
f
Pno. 2

22
S.
A.
T.
B.
Pno. 1
Pno. 2
p dolce
euch,
ein - zig
euch,
euch, a - ber Lin - de - rung kommt ein - zig, ihr Gu - ten,
p
ein - zig, ihr Gu - ten, von
24
ihr Gu - ten, von euch, von euch.
ein - zig, ihr Gu - ten, von euch.
ihr Gu - ten, von euch, von euch.
euch, von euch, von euch.

www.ingramcontent.com/pod-product-compliance
Lightning Source LLC
Chambersburg PA
CBHW081601040426
42448CB00013B/3150